MENSAJES PARA CREYENTES NUEVOS

2

WATCHMAN NEE

CÓMO TERMINAR CON EL PASADO

Living Stream Ministry
Anaheim, California

Primera edición: febrero de 1998.

ISBN 0-7363-0087-2

Traducido del inglés
Título original: *Terminating the Past*
(Spanish Translation)

Publicado por

Living Stream Ministry
2431 W. La Palma Ave., Anaheim, CA 92801 U.S.A.
P. O. Box 2121, Anaheim, CA 92814 U.S.A.

Impreso en los Estados Unidos de América

00 01 02 03 04 05 / 9 8 7 6 5 4 3 2

COMO TERMINAR CON EL PASADO

A continuación examinaremos cómo puede uno deshacerse de su pasado después de creer en el Señor Jesús. Aún después de ser salvo, uno trae consigo un gran bagaje del pasado. ¿Qué debe hacer para desprenderse de esto?

I. LA BIBLIA NOS ENSEÑA QUE DEBEMOS HACER DESPUES DE RECIBIR LA SALVACION

Toda la Biblia, especialmente el Nuevo Testamento, muestra que Dios no presta atención a lo que una persona hizo antes de creer en El. Podemos buscar desde Mateo 1 hasta Apocalipsis 22 y no encontraremos ni un versículo que indique la manera en que debenos terminar con nuestro pasado. Las epístolas, donde nuestra maldad pasada es sacada a la luz, nos muestran lo que debemos hacer *desde el momento de ser salvos en adelante,* no lo que debemos hacer con *nuestro pasado.* Los libros de Efesios, Colosenses y 1 Tesalonicenses mencionan el pasado, pero sólo nos muestran cómo seguir adelante.

Usted recordará que alguien le preguntó a Juan el Bautista qué debía hacer, y Juan le contestó: "El que tiene dos túnicas, dé al que no tiene; y el que tiene alimentos, haga lo mismo". No se refirió al pasado sino al futuro. Ciertos recaudadores de impuestos también le hicieron la misma pregunta, y él les contestó: "No exijáis más de lo que os está ordenado". Y a los soldados les respondió: "No hagáis extorsión a nadie, ni toméis nada mediante falsa acusación; y contentaos con vuestro salario" (Lc. 3:10-14). Esto muestra que Juan, al predicar el arrepentimiento, hacía énfasis en lo que debemos hacer desde el momento de nuestra salvación en adelante, no en lo que debemos hacer con las acciones de nuestro pasado.

Pablo en sus epístolas hace énfasis en lo que debemos hacer en el futuro, porque todo nuestro pasado ha sido cubierto por la sangre preciosa. Si erramos aun un poco en este asunto, corromperemos no sólo el evangelio, sino también el camino del Señor, el camino del arrepentimiento y la restitución. Esto es algo muy delicado.

"¿No sabéis que los injustos no heredarán el reino de Dios? No os desviéis; ni los fornicarios, ni los idólatras, ni los adúlteros, ni los afeminados, ni los homosexuales, ni los ladrones, ni los avaros, ni los borrachos, ni los maldicientes, ni los que viven de rapiña, heredarán el reino de Dios. Y esto erais algunos" (1 Co. 6:9-11a). Aquí Pablo habla de la conducta que los creyentes tenían en el pasado, pero no les dice cómo deben resolver ese asunto. "Mas ya habéis sido lavados, ya habéis sido santificados, ya habéis sido justificados en el nombre del Señor Jesucristo, y en el Espíritu de nuestro Dios" (1 Co. 6:11). El énfasis aquí no está en lo que debemos hacer con las acciones del pasado, porque tenemos un Salvador que ya resolvió este asunto totalmente. Una persona salva ya fue lavada, santificada y justificada.

"Y vosotros estabais muertos en vuestros delitos y pecados, en los cuales anduvisteis en otro tiempo, siguiendo la corriente de este mundo, conforme al príncipe de la potestad del aire, del espíritu que ahora opera en los hijos de desobediencia, entre los cuales también todos nosotros nos conducíamos en otro tiempo en las concupiscencias de nuestra carne, haciendo la voluntad de la carne y de los pensamientos, y éramos por naturaleza hijos de ira, lo mismo que los demás; pero Dios, que es rico en misericordia, por Su gran amor con que nos amó, aun estando nosotros muertos en delitos, nos dio vida juntamente con Cristo" (Ef. 2:1-5). Estos versículos no nos dicen lo que debemos hacer para poner fin a lo que está en nuestra carne, porque esto sólo se da una vez, cuando el Señor lo hizo con base en la rica misericordia de Dios y en el gran amor con que nos amó.

Dice Efesios 4:17-24, refiriéndose también a nuestra condición en el pasado: "Esto, pues, digo y testifico en el Señor: que ya no andéis como los gentiles, que todavía andan en la vanidad de su mente, teniendo el entendimiento entenebrecido, ajenos a la vida de Dios por la ignorancia que en ellos hay, por la dureza de su corazón; los cuales, después que perdieron toda sensibilidad, se entregaron a la lascivia para cometer con avidez toda clase de impureza ... que en cuanto a la pasada manera de vivir, os despojéis del viejo hombre, que se va corrompiendo conforme a las pasiones del engaño, y os renovéis en el espíritu de vuestra mente, y os vistáis del nuevo hombre, creado según Dios en la justicia y santidad de la realidad".

"Por lo cual, desechando la mentira" (Ef. 4:25a). Esto se refiere a nuestro futuro; no nos indica que debemos eliminar la falsedad que teníamos en el pasado, sino que de ahora en adelante no debemos seguir practicándola. "Hablad verdad cada uno con su prójimo ... airaos, pero no pequéis; no se ponga el sol sobre vuestra indignación, ni deis lugar al diablo" (Ef. 4:25b-27). Estos versículos tampoco se refieren al pasado, sino al futuro. "El que hurta, no hurte más" (Ef. 4:28a). Pablo no dijo que el que hurtaba debía devolver lo que había hurtado. El énfasis todavía está en el futuro. "Sino fatíguese trabajando con sus propias manos en algo decente ... Ninguna palabra corrompida salga de vuestra boca, sino la que sea buena para edificación según la necesidad, a fin de dar gracia a los oyentes. Y no contristéis al Espíritu Santo de Dios ... Quítense de vosotros toda amargura, enojo, ira, gritería y maledicencia, y toda malicia" (Ef. 4:28b-31).

"Pero fornicación y toda inmundicia, o avaricia, ni aun se nombre entre vosotros, como conviene a santos; ni obscenidades, ni palabras necias, o bufonerías maliciosas, que no convienen, sino antes bien acciones de gracias" (Ef. 5:3-4). Estas palabras, que reflejan el mismo principio, muestran las acciones que se presentan después de que hemos creído en el Señor, no las que hicimos antes de que creyéramos en El.

Después de leer las epístolas, encontramos una verdad maravillosa: Dios sólo tiene en cuenta lo que la persona debe hacer después de creer en el Señor, no lo que hizo en el pasado. Este es un principio básico.

Muchas personas se encuentran en cautiverio porque han aceptado un evangelio equivocado, el cual hace hincapié en el pasado del creyente. Con esto no quiero decir que no necesitemos limpiar nuestro pasado. Todavía hay ciertos hechos en nuestra vida pasada que necesitamos arreglar, sin embargo, éste no es el fundamento para seguir adelante. Dios siempre dirige nuestra atención al hecho de que los pecados que cometimos en el pasado fueron borrados por la sangre, y que fuimos completamente perdonados y salvos porque el Señor Jesús murió por nosotros. Nuestra salvación no se basa en la conducta que teníamos; porque uno no es salvo ni por arrepentirse de las malas cosas, ni por confiar en las buenas acciones que hizo en el pasado, sino porque el Señor Jesús llevó a cabo nuestra salvación en la cruz. Debemos afianzarnos en este fundamento.

II. ALGUNOS EJEMPLOS EN EL NUEVO TESTAMENTO DE COMO PROCEDER CON EL PASADO

Entonces, ¿qué debemos hacer con los hechos de nuestro pasado? He dedicado mucho tiempo leyendo el Nuevo Testamento, tratando de encontrar qué debemos hacer para terminar con el pasado después de creer en el Señor Jesús. Sin embargo, sólo he encontrado algunos breves pasajes sobre este tema, los cuales no son enseñanzas sino ejemplos.

A. Se debe eliminar completamente todo lo relacionado con los ídolos

En 1 Tesalonicenses 1:9 dice: "Os volvisteis de los ídolos a Dios". Cuando una persona cree en el Señor, debe desechar todos los ídolos. Nosotros somos el templo del Espíritu Santo. ¿Qué acuerdo hay entre el templo de Dios y los ídolos? Cuando el apóstol Juan se dirigió a los creyentes dijo: "Hijitos, guardaos de los ídolos" (1 Jn. 5:21). Podemos ver que este asunto no es tan simple como algunos piensan.

Debemos tener siempre presente que Dios prohibe que el hombre haga imágenes. No debemos pensar que algo hecho por el hombre tiene vida, porque en el momento que tengamos tal pensamiento, ese objeto se nos convertirá en un ídolo. Los ídolos no significan nada, pero si pensamos que tienen vida, caemos en un grave error. Por eso Dios prohibe adorar tales cosas. Prohibe aun la más leve inclinación de nuestro corazón hacia esto. Inclusive uno de los diez mandamientos prohibe hacer ídolos (Dt. 5:8).

En Deuteronomio 12:30 dice: "No preguntes acerca de sus dioses diciendo: De la manera que servían aquellas naciones a sus dioses..." Esto nos muestra que no debemos ni siquiera averiguar de qué manera los gentiles adoran a sus dioses. A los curiosos les gusta averiguar cómo adoran y sirven los paganos a sus dioses. Pero Dios nos prohibe hacer tal cosa, porque terminaremos adorando ídolos.

En 2 de Corintios 6:16 dice: "¿Y qué acuerdo hay entre el templo de Dios y los ídolos?" El significado es muy obvio. Los cristianos no deben visitar los templos. Aunque hay algunas excepciones, como cuando una persona se extravía en un lugar solitario y necesita un refugio durante la noche, y lo único que halla es un templo. Pero por lo general, los creyentes no deben visitar ninguno de estos lugares, según 2 Corintios 6:16 que establece claramente que nosotros somos el templo del Dios viviente y que no hay acuerdo entre el templo de Dios y los ídolos. A menos que uno se vea obligado por alguna circunstancia especial, no es aconsejable visitar ningún templo. Juan dice: "Hijitos, guardaos de los ídolos", lo cual significa que nos alejemos de ellos.

En Salmos 16:4 dice: "Ni en mis labios tomaré sus nombres". Debemos ser muy cuidadosos y evitar nombrar los ídolos aun en el púlpito, a menos que necesitemos dar un ejemplo. No debemos ser supersticiosos, ni tener temor a la desgracia. Muchos creyentes todavía prestan atención a la rueda de la fortuna, a la lectura de la palma de la mano y a la suerte. Todo lo que tenga que ver con la adivinación y el horóscopo está prohibido. Debemos terminar con todo aquello que esté en la esfera de la idolatría. Debemos romper por completo toda atadura que tengamos con los ídolos.

El creyente debe renunciar a sus ídolos desde el mismo momento que es salvo. No debe mencionar sus nombres ni relacionarse con la adivinación ni visitar ningún templo. No debemos adorar ninguna imagen, porque esto es prohibido. Tampoco debemos indagar acerca de la manera en que las religiones adoran a sus ídolos. Todas estas cosas pertenecen al pasado y debemos desecharlas. Debemos destruir, exterminar y sacar cualquier cosa que entre en una de estas categorías. No debemos venderla, sino destrirla. Espero que los creyentes nuevos no tomen este asunto livianamente. Deben ser muy cuidadosos ya que Dios es extremadamente celoso en cuanto a los ídolos.

Si usted no toma la determinación de poner fin a los ídolos ahora, será muy difícil que escape del máximo ídolo que estará en la tierra en el futuro. No debemos adorar ningún ídolo de barro ni de madera, pero aun si tuviese vida, no debemos adorarlo. Hay ídolos vivientes, y uno de ellos es el hombre de iniquidad (2 Ts. 2:3). Recordemos que no podemos adorar ídolos, debemos rechazarlos todos, incluyendo las imágenes de Jesús y de María.

Debemos acabar con este asunto completamente. Si no lo hacemos, podemos desviarnos del camino. Nosotros no servimos en la carne sino en el espíritu. Dios busca personas que le sirvan en espíritu, no en la carne. Dios es espíritu, no una imagen. Si todos los hermanos y hermanas prestan atención a esto, no caerán en las manos del catolicismo romano en el futuro. Un día el anticristo vendrá, y cuando eso suceda, el poder del catolicismo romano se expandirá sin medida.

La Biblia nos enseña que lo primero que debemos hacer para poner fin al pasado es desechar y repudiar todos los ídolos, y esperar la venida del Hijo de Dios. No debemos ni siquiera guardar cuadros de Jesús, ya que esas pinturas en realidad no son de El; no son nada. En los museos de Roma hay más de dos mil diferentes imágenes del Señor Jesús, y todas ellas presentan la imaginación de los artistas. En algunos países los artistas buscan personas que se parezcan, según su opinión, al Señor Jesús para hacer un retrato de El, y les pagan para que posen. Esto es una blasfemia. Nuestro Dios es un Dios celoso y no tolera esto entre nosotros. No debemos ser supersticiosos como algunas personas, que creen que ciertas cosas son de mal agüero, lo cual viene directamente del infierno. Los hijos de Dios deben desechar esos pensamientos por completo desde quc reciben al Señor. Deben evitar toda inclinación a la idolatría.

B. Se deben eliminar los objetos de magia

En Hechos 19:19 dice: "Asimismo muchos de los que habían practicado la magia trajeron los libros y los quemaron delante de todos; y hecha la cuenta de su precio, hallaron que era cincuenta mil piezas de plata". Este es otro asunto que los creyentes deben repudiar y ponerle fin.

Lo que estos hombres hicieron no fue el resultado de una orden o una enseñanza, sino de la labor del Espíritu Santo. El Espíritu Santo actuó de una manera tan prevaleciente que los efesios trajeron todos los libros de magia que poseían y hallaron que su precio era cincuenta mil piezas de plata, una suma bastante considerable. Ellos no vendieron sus libros para dar el dinero a la iglesia, sino que los quemaron. Si Judas hubiera estado presente, lo más probable es que no lo habría permitido, porque el valor de esos libros era más de treinta piezas de plata, y se habría podido dar a los pobres. Pero el Señor estaba contento de que se hubieran quemado.

Aparte de lo que mencionamos anteriormente, también se encuentran otros ídolos que necesitamos eliminar. Estos están claramente conectados con los pecados, tales como: juegos de azar, libros y cuadros o fotografías obscenos. Esto se debe destruir o quemar. Hay artículos de lujo en los que uno se deleita que no se pueden quemar; de todos modos, deben ser eliminados, aunque el principio fundamental para terminar con estos objetos es quemarlos.

Después de que una persona cree en el Señor, debe ir a su casa y revisar minuciosamente sus objetos personales, ya que siempre hay algo ligado al pecado. Tal vez posea artículos que un creyente no debe tener. Estos no se deben vender; se tienen que quemar y destruir. Los artículos de lujo se deben cambiar o alterar y si no es posible, deben venderse.

La ropa del leproso, según se ve en Levítico 13 y 14, es un buen ejemplo. Aquellas vestiduras en las cuales la lepra se había extendido, no podían lavarse; se debían quemar. La ropa que podía usarse de nuevo se debía lavar. Si el estilo de nuestros vestidos no es muy decente, los podemos modificar. Por ejemplo, algunos que son cortos, los podemos alargar; otros que son muy llamativos, los podemos hacer más austeros. Sin embargo, hay algunos objetos que no podemos recobrar porque tienen el elemento del pecado y se deben quemar. Así que aquellos que podemos vender, los vendemos y el producto de esa venta debemos darlo a los pobres.

Se debe poner fin a todo lo indecente. Si todo creyente revisa sus objetos personales concienzudamente, tendrá un buen comienzo. Una vez que aprendamos la lección, no la olvidaremos por el resto de nuestra vida. Debemos darnos cuenta de que ser cristiano es un asunto práctico; no es sólo ir a "la iglesia" a escuchar sermones.

C. Debemos pagar nuestras deudas

"Entonces Zaqueo, puesto en pie, dijo al Señor: He aquí, Señor, la mitad de mis bienes doy a los pobres; y si en algo he defraudado a alguno, se lo devuelvo cuadruplicado" (Lc. 19:8). La reacción de Zaqueo no fue producto de una enseñanza, sino de la labor del Espíritu Santo. Si no hubiera sido así, él habría pagado estrictamente lo que debía. Zaqueo dijo: "Si en algo he defraudado a alguno, se lo devuelvo cuadruplicado". En realidad, una compensación doble habría sido más que suficiente. El principio que vemos en el libro de Levítico es el de añadir una quinta parte a la cantidad original. Por ejemplo, si el dinero sustraído es mil dólares, se debe pagar mil doscientos; no obstante, debemos proceder según el Espíritu del Señor nos dirija, hasta devolver cuatro o diez veces más de lo hurtado. Vemos en este caso el principio que debemos aplicar. Cuando leemos la Biblia debemos entender que lo que abarca no es enseñanza solamente, sino el resultado de la guía del Espíritu Santo que hace reaccionar al hombre.

Si usted antes de ser creyente, extorsionó, engañó, hurtó u obtuvo algo por medios deshonestos, ahora que el Señor está en usted, tiene que compensar por el daño de una manera apropiada. Esto no se relaciona con el perdón de pecados que usted recibió del Señor, sino con el testimonio.

Supongamos que antes de ser salvo yo haya hurtado mil dólares y no haya resuelto el asunto. ¿Cómo puedo, después de haber recibido al Señor, predicar el evangelio a la persona a quien defraudé? Mientras le predique, su corazón estará en el dinero que le quité y nunca le devolví. No hay duda alguna de que recibí el perdón; pero no tengo un testimonio apropiado delante de los hombres. No puedo decir: Dios ya me perdonó y no importa si no pago. No, este asunto determina mi testimonio.

Recordemos que Zaqueo, por causa de su testimonio, devolvió cuadruplicado lo que había hurtado. Todos murmuraban: ¿Cómo puede posar el Señor en casa de un pecador que ha extorsionado y defraudado a tanta gente? Debido a la indignación de ellos Zaqueo se puso de pie y dijo: "Si en algo he defraudado a alguno, se lo devuelvo cuadruplicado". La proporción de esta devolución no era un requisito para ser hijo de Abraham ni para que la salvación llegara a su casa. Este fue *el resultado* de esa salvación y de ser hijo de Abraham. La indemnización que hizo Zaqueo fue la base de su testimonio delante de los hombres.

Conocí a un hermano que antes de creer en el Señor era muy deshonesto en las finanzas. La mayoría de sus compañeros de colegio eran de clase media. Después de que creyó en el Señor Jesús, quiso traer sus compañeros al Señor, pero desdichadamente no veía mucho fruto a pesar de que él les predicaba con ahínco el evangelio. Lo que sucedía era que mientras él les hablaba, ellos pensaban en el dinero que él les debía. Aunque Dios había perdonado sus pecados, delante de sus compañeros su pasado no estaba limpio. Este hermano no siguió el ejemplo de Zaqueo. Para poder testificar tenía que confesar y compensar por toda su maldad pasada. La restauración de su testimonio dependía del esclarecimiento de su pasado.

Como mencioné anteriormente, Zaqueo no se convirtió en un hijo de Abraham ni recibió la salvación por haber restituido cuatro veces más de lo que debía. El hizo esto para callar a los que murmuraban. La compensación que él hizo fue más allá de lo que se esperaba, lo cual puso fin a las murmuraciones y restauró su testimonio.

Hermanos y hermanas, ¿han hecho mal o sido injustos con alguien antes de convertirse en creyentes? ¿Deben dinero a alguien? ¿Se han llevado algo que no les pertenece? ¿Han adquirido algo dè una manera deshonesta? Si es así, deben solucionar esto. Cuando un creyente se arrepiente, confiesa sus hechos inicuos del pasado, mientras que un incrédulo se arrepiente de una manera que sólo envuelve su conducta actual. Por ejemplo, si yo como ser humano tengo mal genio, lo único que necesito hacer es refrenar mi ira; pero como cristiano, aparte de refrenar mi mal genio, tengo que pedir perdón por haberme enojado. No sólo no tengo que calmarme delante de Dios, sino que tengo que discúlparme con los hombres por haberme disgustado. Sólo así se le pone fin a este asunto.

Supongamos que en el pasado usted haya hurtado. Su problema queda arreglado ante Dios mientras no lo siga haciendo; de la misma manera, si usted ha obtenido cosas que no le pertenecen, su problema queda solucionado una vez que deje de hacerlo. Sin embargo, ante los hombres esto no es suficiente, ya que aunque no haya hurtado en tres años, muchos todavía le consideran un ladrón. Después de creer en el Señor, usted debe testificar ante otros y resarcir todos sus errores del pasado. Sólo así será usted reivindicado.

Pero aquí se nos presenta un problema. ¿Qué hacer si en el pasado hurtó diez mil dólares y ahora no tiene forma de devolverlos? En principio, se debe confesar este fraude a la persona perjudicada y decirle francamente que en este momento no le puede pagar. Es importante que usted haga esta confesión lo más pronto posible, de lo contrario no podrá testificar ni ahora ni por el resto de su vida.

A medida que testificamos, somos atacados por problemas personales, los cuales, además de que no los podemos evitar, los tenemos que resolver. Sólo podremos tener un buen testimonio ante los hombres cuando arreglemos estas situaciones.

Algunos han cometido homicidio en el pasado. ¿Qué deben hacer ahora? En la Biblia encontramos dos homicidas que fueron salvos. Uno de ellos estuvo involucrado directamente, y el otro indirectamente. El primero fue el ladrón que fue crucificado con el Señor. Según el griego, la palabra *ladrón* no sólo significa uno que hurta, sino un criminal que comete actos de asesinato e incendio. Este ladrón no sólo había robado, sino que había asesinado. Después de creer en el Señor Jesús, sus pecados le fueron perdonados. La Biblia no dice cómo puso fin a su pasado. La otra persona fue Pablo. El no estuvo involucrado directamente con ningún asesinato; sin embargo, consintió en la muerte de Esteban y vigiló las vestiduras de quienes lo mataron. Después de que Pablo fue salvo, no se menciona cómo arregló este asunto.

En principio, yo creo que cuando un asesino cree en el Señor Jesús, sus pecados quedan atrás. No hay un solo pecado que la sangre no pueda lavar. El ladrón no hizo nada para enmendar su pasado. En realidad, aunque quisiera, no podía. No obstante, el Señor le dijo: "Hoy estarás conmigo en el Paraíso" (Lc. 23:43). Por lo tanto, si nos encontramos con personas que atraviesan una situación parecida, no debiéramos exacerbar el sentimiento de culpa que pesa sobre sus conciencias, a menos, por supuesto, que Dios mismo esté operando en sus corazones en tal sentido. Como podemos observar, en estos dos casos de homicidio en el Nuevo Testamento, Dios no prestó atención a la rectificación del pasado de estos dos hombres. Sin embargo, yo creo que algunos no tienen paz en sus conciencias, no porque tengan un sentimiento de culpa, sino porque Dios está operando en ellos. Si este es el caso, no debemos prohibirles que expresen su arrepentimiento a la familia de la víctima.

D. Debemos poner fin a los asuntos que no se hayan resuelto

Cuando una persona se salva, seguramente tendrá muchos asuntos seculares inconclusos que le estorbarán para seguir al Señor. ¿Qué debe hacer? "Sígueme, y deja que los muertos entierren a sus muertos" (Mt. 8:22). Este es otro caso bíblico donde se alude al pasado. Un hombre se acercó a Jesús y le dijo: "Señor, permíteme que vaya primero y entierre a mi padre" (v. 21). A esto el Señor respondió: "Sígueme, y deja que los muertos entierren a sus muertos". La primera alusión a los muertos habla de quienes lo están espiritualmente, mientras que la segunda vez se refiere al padre del hombre. A los ojos de Dios, todos los que están en el mundo están muertos. El Señor le dijo a este hombre que debía seguirlo y dejar que los muertos enterraran a su padre.

Con esto no quiero decir que los nuevos creyentes no deban encargarse de los funerales de sus padres, sino que los muertos deben enterrar a sus propios muertos. Debemos concentrarnos en este principio. Uno debe abandonar los asuntos inconclusos, ya que si espera hasta que los haya resuelto para entonces creer en el Señor, jamás tendrá tiempo. Hay miles y miles de asuntos familiares y de nuestras vidas en general que no tienen solución. ¿Quién, entonces, podría ser cristiano? Podemos aplicar el principio de dejar que los muertos entierren a sus muertos; o sea, dejar que los que están espiritualmente muertos manejen los asuntos de los muertos. No es que los creyentes nuevos deban olvidarse de sus familiares, sino que no tienen que esperar hasta haber arreglado todos sus asuntos terrenales para seguir al Señor.

Muchas personas desean primero resolver todos sus asuntos para entonces creer en el Señor; pero si hacen esto, no llegarán a creer en El. No debemos estar atados por los intereses de los muertos, porque jamás podríamos seguir al Señor. Los asuntos que tienen que ver con ídolos, actos deshonestos y deudas se deben resolver completamente; y todo lo demás debemos hacerlo a un lado.

En conclusión, en la Palabra de Dios encontramos que el creyente debe adoptar las cuatro actitudes que mencionamos en relación con su pasado. En lo que se refiere a los deberes familiares, debemos dejar que los muertos se encarguen de los muertos, o sea, que los que están espiritualmente muertos se encarguen de ello. Nosotros no tenemos tiempo de hacerlo, porque debemos seguir al Señor.

PREGUNTA

Pregunta: ¿Si he ofendido a una persona, pero ésta no lo sabe, debo confesárselo?

Respuesta: Todo depende de si la persona ha sufrido pérdida material. Si ella es consciente de esa pérdida, usted debe resolver el asunto siguiendo el ejemplo de Zaqueo. Si la persona no sabe nada acerca de esto, debe decírselo. Lo mejor es traer el asunto a la iglesia y dejar que los hermanos de más experiencia le ayuden a resolverlo porque ellos saben lo que es más provechoso.